DISCOURS

PRONONCÉ PAR

MONSIEUR F^D FAVRE

SÉNATEUR ET MAIRE

AU MARIAGE

de M. L. CAILLÉ avec Mlle Almérine CHENARD.

---

26 SEPTEMBRE 1864.

DISCOURS

PRONONCÉ PAR

Monsieur F^d FAVRE, Sénateur et Maire.

DISCOURS

PRONONCÉ PAR

MONSIEUR F^D FAVRE

SÉNATEUR ET MAIRE

AU MARIAGE

de M. L. CAILLÉ avec Mlle Almérine CHENARD.

—◊-◊-◊-◊—

26 SEPTEMBRE 1864.

—◊-◊-◊-◊—

1864

DISCOURS

PRONONCÉ PAR

MONSIEUR F^D FAVRE

SÉNATEUR ET MAIRE.

Monsieur et Madame ,

Si l'un des actes de mon administration devait être de recevoir vos serments , il est aussi, par son importance et par les sentiments de profonde estime et d'affection que je porte à vos honorables parents et à vous-même, celui qui me fait éprouver la plus vive émotion ; cette émotion touche à toutes les fibres du cœur.

Est-il, en effet, quelque chose de plus touchant pour le Maire qui a présidé à tant d'unions dans le cours de sa longue carrière administrative que de voir encore aujourd'hui, dans ce lieu solennel, se réunir autour de lui deux familles les plus honorables pour leur exprimer les vœux formés par nous tous, pour ceux qui font toute leur joie, toute leur espérance.

Le Maire ne saurait oublier, qu'il compte dans vos estimables familles ses plus anciens et meilleurs amis, les nombreux et importants services rendus par elles à la cité et au commerce.

Vous venez, Monsieur et Madame, par un acte qui date d'aussi loin que le monde, par le mariage, le plus digne, le plus saint de tous les contrats, vous venez, dis-je, de vous associer pour partager votre commune destinée.

Vous, Madame, envers qui le Ciel a été si prodigue de ses dons, que l'éducation et la nature ont ornée de tant de charmes, vous imiterez la tendre mère qui a dirigé vos premiers pas dans le monde ; comme elle, vous serez un exemple de modestie et de vertu chrétienne ; vous ne laisserez jamais altérer ce précieux don du Ciel, cette modestie, cet air de bonté et de douceur qui se peint dans tous vos traits ; vous userez de l'empire que ces heureux dons vous assurent dans le cœur de votre époux pour être sa compagne fidèle, l'ange tutélaire de son chevet, la confidente de ses plus intimes pensées, pour le soutenir dans les préoccupations de famille, l'encourager dans le succès, et le consoler dans les revers ; c'est ainsi que vous ferez le charme et le bonheur, non-seulement de celui que vous aimez, mais encore de tous ceux qui vous entourent.

Et vous, mon cher Ludovic, dont nous connaissons les penchants honnêtes et la délicatesse des sentiments, vous n'oublierez pas que ce dévouement, que cette abnégation de la femme qui se consacre à vous, qui quitte pour vous suivre le toit paisible sous lequel s'est écoulée son enfance et qui confond sa personnalité dans la vôtre, qui abdique même jusqu'à son nom pour prendre celui que vous lui apportez, vous n'oublierez pas, dis-je, que la suprême confiance qu'elle vous témoigne, mérite une reconnaissance de tous les instants et vous vous montrerez digne de cette confiance en entourant de tendres soins et d'égards, celle qui vous sacrifie tout et met sa vie sous la sauvegarde de votre honneur.

Rappelez-vous aussi que quand un père et une mère font le sacrifice de se séparer de leur fille chérie pour la confier à l'époux de son choix, c'est qu'ils ont la conviction qu'ils lui donnent un guide sûr dans la route de la vie, qu'ils la soumettent à une douce tutelle. Ils mettent avec un tendre abandon ce dépôt précieux entre ses mains parce qu'ils le savent digne de protéger un sexe qui, susceptible de tous les genres de vertus et fortement armé contre la peine et la douleur, est presque sans arme et sans force contre celui à qui il a donné son cœur.

Un vaste et bel avenir s'ouvre aujourd'hui devant vous, vos respectables parents ont placé tous les éléments de bonheur sous votre main, et vous le trouverez facilement ce bonheur, si vous restez bien pénétrés de l'auguste caractère du mariage : c'est par lui que les familles se forment, que la société se perpétue. La vie n'a donc point de plus grand événement, point de révolution plus complète que celle dont le mariage est l'époque. Le mariage est la base de la famille ; la famille est la base de la société. Tout se tient et s'enchaîne dans ce vaste édifice social que le marteau des novateurs battrait vainement en brèche. Si la civilisation et les mœurs peuvent se perfectionner, ce n'est qu'en respectant les principes qui sont leur loi fondamentale.

Chacun des époux est donc obligé d'apporter dans cette union intime et sacrée, sa part de soins et d'égards, d'ordre et de bienveillance, de travaux et d'affection.

Que le foyer domestique vous soit toujours cher, c'est là, c'est dans l'intérieur du ménage que vous attendent des jouissances pures que l'on chercherait vainement dans le tourbillon des dissipations du monde. Croyez-le bien, Monsieur et Madame, c'est la constante pratique des devoirs qui viennent de vous être tracés par mon organe et de ceux surtout qui vont vous être tracés aux pieds de l'autel qui peut seul fixer le bonheur sous le toit conjugal.

Que l'époux et l'épouse se persuadent bien que la fidélité réciproque est l'unique base de l'estime, de la douce confiance, et le gage le plus certain de la bonne harmonie, si nécessaires dans le cours d'une union qui embrasse tout l'avenir, toute l'existence.

Mais, je m'aperçois que j'arrête trop longtemps votre esprit sur des questions bien austères et que je défends d'ailleurs auprès de vous une cause qui n'en a pas besoin, qu'il me soit seulement permis d'ajouter encore en terminant ces réflexions, dont je vous prie d'excuser la longueur, que si le bonheur complet n'existe pas ici-bas, que la paix intérieure du ménage est du moins sa plus parfaite image.

Vous vous appliquerez, le Maire en est certain, à conserver ce plus précieux de tous les biens.

C'est de vous, de votre volonté qu'il va dépendre d'être heureux : assurément vous le voulez aujourd'hui, vous le voudrez demain... Ah! veuillez-le toujours, veuillez-le dans votre propre intérêt ; heureux de pouvoir transmettre un nom honorable à vos enfants, vous le voudrez aussi dans celui de votre future famille.

On l'a dit avec beaucoup de raison, le bonheur est impossible à qui ne sait pas le trouver au sein de sa famille : déjà il apparaît et luit dans votre nouvelle demeure, puissiez-vous le goûter dans toute sa pureté ; c'est le vœu le plus sincère du Magistrat qui vient de vous unir, et qui se félicite de pouvoir répandre sur cette union les bénédictions d'un vieillard, puisque on les dit agréables à Dieu.

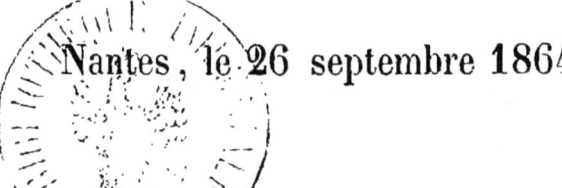

Nantes, le 26 septembre 1864.

Nantes, imp. vᵉ Mellinet, place du Pilori, 5.

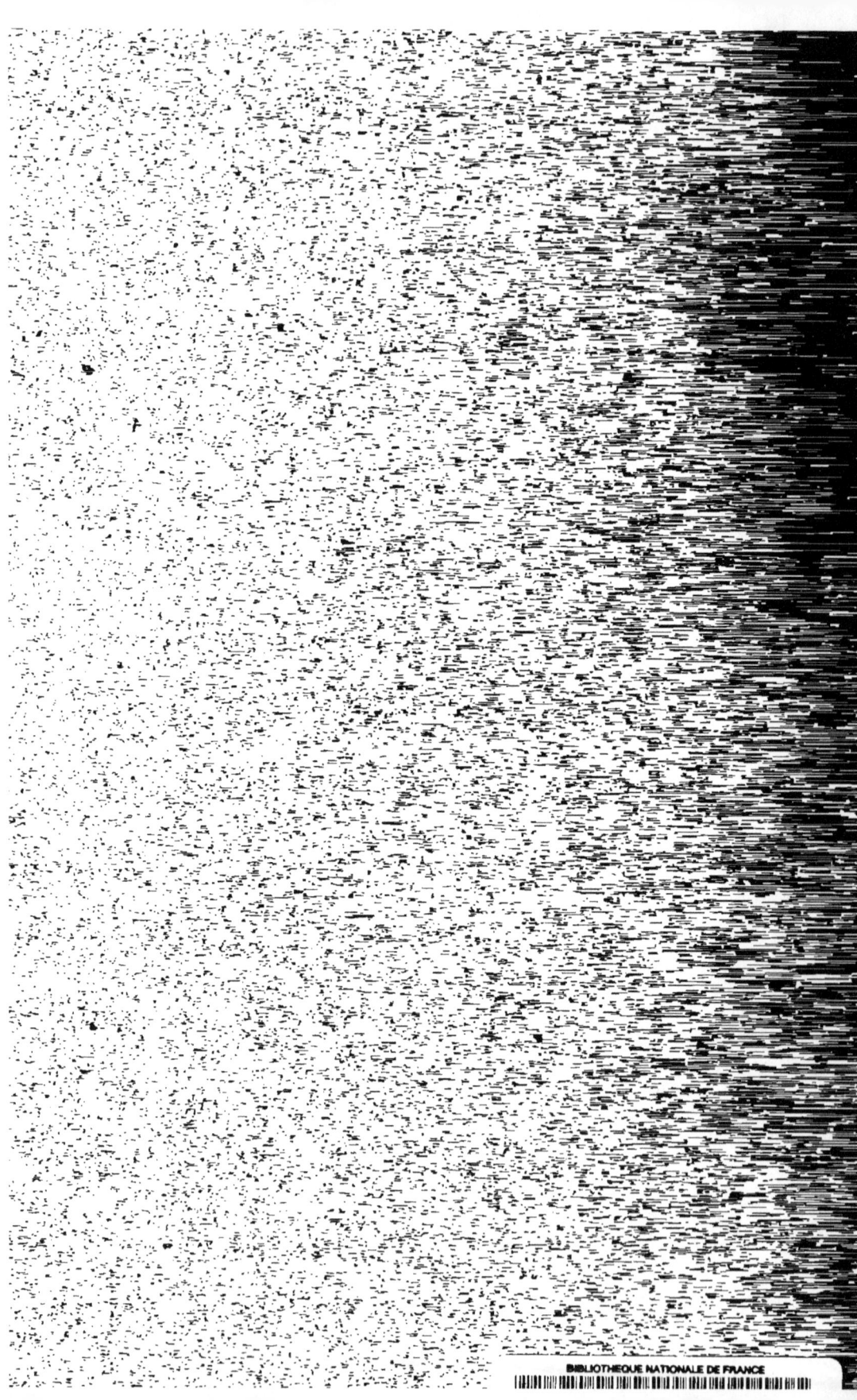

www.ingramcontent.com/pod-product-compliance
Lightning Source LLC
Chambersburg PA
CBHW070534050426
42451CB00013B/3007